L'ESPRIT
DE NAPOLÉON.

PENSÉES ET MAXIMES

TIRÉES DE SES ÉCRITS,

AVEC UNE INTRODUCTION,

PAR DU MERSAN.

Le choix des pensées est invention.

LA BRUYÈRE.

PARIS,

CHEZ A. PHILIPPE, ÉDITEUR,

54, RUE DE L'ARBRE-SEC;

LEGALLOIS, 11, R. DES PRÊTRES ST-GERM.-L'AUX.;

Et chez tous les marchands de Nouveautés.

1844

L'ESPRIT
DE NAPOLÉON.

Imprim. de Hauquelin et Bautruche, r. de la Harpe, 90.

L'ESPRIT
DE NAPOLÉON.

PENSÉES ET MAXIMES

TIRÉES DE SES ÉCRITS,

AVEC UNE INTRODUCTION,

PAR DU MERSAN.

Le choix des pensées est invention.

LA BRUYÈRE.

PARIS,
CHEZ A. PHILIPPE, ÉDITEUR,
51, RUE DE L'ARBRE-SEC;
LEGALLOIS, 11, R. DES PRÊTRES ST-GERM.-L'AUX.;
Et chez tous les marchands de Nouveautés.

1843

INTRODUCTION.

Napoléon était penseur, et ses idées profondes, judicieuses, exprimées en peu de mots, avaient toujours la forme simple et incisive d'un *apophtegme*.

On trouvera dans ses pensées et dans ses maximes, son esprit et son caractère.

Napoléon est peut-être trop près de nous pour être jugé sans partialité.

Nous ne sommes pas encore pour lui la postérité, parce que beaucoup d'entre nous ont vécu avec lui.

Toutefois sa carrière est terminée, et on ne pourrait pas nous dire, avec son compatriote Paoli :

« Ne prodiguez ni les éloges ni les statues à « un homme qui n'a pas fini sa carrière. »

Nous ne prétendons pas le juger, mais le peindre, ou plutôt le laisser se peindre lui-même.

On se souvient que J.-J. Rousseau disait, en parlant de la Corse (*Contrat social*, liv. II, chap. 10) : « J'ai quelque pressentiment qu'un jour cette petite île étonnera l'Europe. » Il ne se doutait pas que Bonaparte en sortirait pour étonner l'univers.

L'homme extraordinaire qui a exécuté tant et de si grandes choses, qui s'est élevé à une hauteur si prodigieuse, et qui a dominé le monde par la puissance de son génie, ne pouvait ni penser ni parler comme le vulgaire.

En lisant les phrases brèves et expressives qu'il a jetées sur tant de sujets divers, on croira converser avec lui. On y trouvera le cachet de cet esprit vif et pénétrant qui le distinguait. On comprendra mieux ses actions quand on connaîtra ses paroles, et surtout celles qui sont sans apprêt, et qui semblent être nées aussi rapidement que la pensée.

Un conseiller d'Etat, M. Thibeaudeau, que l'on peut croire, puisqu'il en a été témoin, dit qu'au conseil, Napoléon parlait sans embarras, sans prétention, avec la liberté et le ton d'une conversation qui s'anime naturellement. Il ajoute : Il n'y fut jamais inférieur à aucun membre du conseil; il égala quelquefois les plus habiles par sa sagacité à saisir le nœud des questions, par la justesse de ses idées et la force de ses raisonnements; il les surpassa souvent par le tour de ses phrases et l'originalité de ses expressions.

Mais sous quelle forme était-il plus avantageux pour le lecteur de trouver les pensées de Napoléon ?

La forme d'un dictionnaire, la classification alphabétique, en écartant toute prétention ambitieuse, facilitent les recherches, en présentant le mot de la phrase qui en fait la valeur.

Les pensées de Pascal, les maximes de Larochefoucault, gagneraient peut-être à être classées de cette manière.

On aime assez la besogne faite, et on ne veut pas lire tout un livre pour y chercher la seule chose qu'on désirerait y trouver.

Pascal a dit avec justesse :

« La dernière chose qu'on trouve en faisant un « ouvrage, est de savoir celle qu'il faut mettre la « première. »

L'auteur évite cet embarras, et n'en donne pas au lecteur, en lui présentant une espèce de dictionnaire dans lequel il peut d'un coup-d'œil penser avec l'auteur ou savoir ce que l'auteur a pensé.

On a donné, sous le nom d'*Esprit*, plusieurs ouvrages intéressants, auxquels il ne manquait que cette forme pour les rendre aussi utiles qu'agréables, et surtout commodes. L'Esprit de Plutarque, de Sénèque, de Montaigne, de La Bruyère, de Montesquieu, de Saint-Evremond, de Molière et de beaucoup d'autres bons écrivains, sont des ouvrages qui auraient besoin de tables des matières ; ici la table se trouve faite par l'ouvrage même.

Ce livre aurait pu être beaucoup plus volumineux ; mais il y a de Napoléon tant de mots que tout le monde connaît, qu'il eût été inutile de les répéter, autant qu'il aurait été impossible de les réunir tous.

Il y en a tant d'apocryphes, qu'il était raisonnable de ne réunir que ceux qui sont dignes de lui.

On aurait pu grossir ce volume de quelques pensées spirituelles, telles que les suivantes :

« Les *vieillards* qui conservent les goûts du « jeune âge perdent en considération ce qu'ils « gagnent en ridicule.

« On réussit quelquefois mieux par la porte « du valet de chambre qu'autrement.

« Un empire comme la France peut et doit « avoir quelques hospices de fous appelés *trap-* « *pistes.* »

Napoléon, pendant les Cent-Jours, visita la maison d'éducation de la Légion-d'Honneur de Saint-Denis. Les jeunes élèves, enchantées de le voir, l'entouraient, se pressaient autour de lui, et se livraient à une joie bruyante. La surintendante voulut leur imposer silence. « Laissez, laissez, dit Napoléon. Cela fait mal à la « tête, mais cela fait bien au cœur. »

Mais ces pensées, et d'autres du même genre, n'ont ni la profondeur ni la portée morale qui mérite l'attention des esprits sérieux.

C'est ainsi que nous avons omis quelques pensées qui ne nous ont pas paru neuves, et qui exprimaient le sentiment de la circonstance, comme celle qu'on trouve dans les écrits de ses derniers instants : « C'est au moment de quitter la *vie* que l'on s'y rattache avec plus de force. »

Les plus gros ouvrages ne sont pas les meilleurs.

Celui-ci, tel qu'il est, peut être le *bréviaire* ou le manuel des hommes d'Etat et des penseurs; il sera bon, si on le trouve court.

D'ailleurs, ce n'est pas tout ce qu'a dit Napoléon que nous voulons recueillir, c'est ce qui peint plus particulièrement son caractère.

Les pensées des princes sont bonnes à faire connaître au peuple.

C'est dans la spontanéité, c'est dans l'éclair de la pensée que l'âme se dévoile.

Dans un discours d'apparat, dans des pages écrites avec réflexion, l'auteur ne dit que ce que l'on peut désirer qu'il dise.

Dans une allocution, dans une lettre, dans une confidence intime, il dit précisément ce qu'il pense et ce qu'il veut dire.

Henri IV, Louis XIV, Charles-Quint, Frédéric, ont souvent dévoilé leur véritable pensée dans un mot échappé à l'improvisation, dans une saillie, dans une réponse vive et imprévue.

L'âme ne peut pas toujours rester enfermée dans la prison de la politique et de la diplomatie;

elle s'échappe par intervalles, et, nue comme la vérité, elle montre l'homme tel qu'il est.

C'est alors que l'on peut sonder cet abime sans fond qu'on nomme le cœur humain.

Tel grand penseur serait étonné de lui-même s'il trouvait un jour réunies les pensées qu'il a jetées au hasard dans les diverses circonstances de sa vie.

On pense bien différemment à différents âges, dans différentes circonstances.

Quel homme est toujours le même, et toujours d'accord avec lui-même?

Cependant il est dans l'homme un germe inné que rien ne peut étouffer, que la culture modifie, dont les accidents varient la forme, mais dont la qualité primitive se trouve toujours dans les fruits qu'il produit.

De même l'éducation, la puissance, le malheur, peuvent varier l'expression de la pensée d'un homme sans jamais en altérer le sens intime.

Sur le trône ou sur un rocher désert, on retrouvera toujours le conquérant et le législateur, ne fût-il que le législateur de sa vie et le conquérant de son âme.

Du Mersan.

L'ESPRIT

DE NAPOLÉON.

PENSÉES ET MAXIMES

TIRÉES DE SES ÉCRITS.

ABAISSEMENT.

On respecte dans l'*abaissement* ceux qui se sont respectés dans la grandeur.

ABOYEUR.

Dix personnes qui parlent font plus de bruit que dix mille qui se taisent : voilà le secret des *aboyeurs* de tribune.

ADVERSITÉ.

Je n'ai jamais été séduit par la prospérité : *l'adversité* me trouvera au-dessus de ses atteintes.

AFFAIRES.

Dans les *affaires* du monde, ce n'est pas la foi qui sauve, c'est la méfiance.

Il ne faut ni préjugés ni passions dans les *affaires*.

AGRICULTURE.

Des finances fondées sur une bonne agriculture ne se détruisent jamais.

ANGLETERRE.

J'ai voulu mettre la France au-dessus de l'Angleterre.

L'*Angleterre* est une nation mercantile.

ARRÊTER.

On peut s'*arrêter* quand on monte, jamais quand on descend.

ARISTOCRATIE.

L'*aristocratie* des grandes propriétés n'était bonne que dans le système féodal.

ASSASSINAT.

S'il est parmi vous un soldat qui veuille tuer son général, son empereur, il le peut, me voilà.

ATHÉE.

N'est pas athée qui veut!

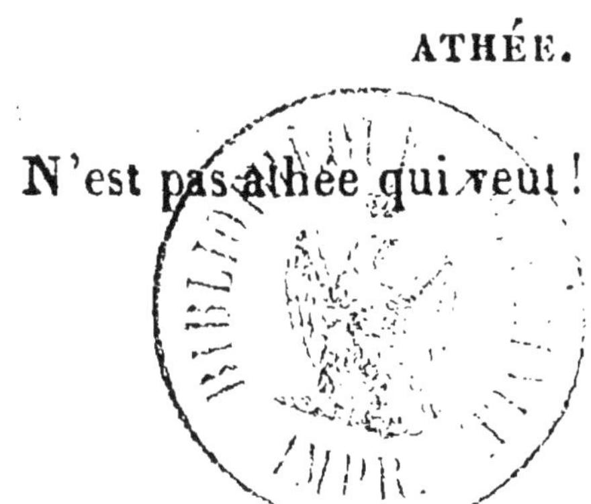

AUDACE.

Avec de l'*audace* on peut tout entreprendre; on ne peut pas tout faire.

AVENIR.

L'*avenir* est dans le sein de Dieu.

AVIS.

Je vous demande votre avis, et non pas le mién.

BASE.

Tout ce qui n'est pas fondé sur des *bases* physiquement et mathématiquement exactes, doit être proscrit par la raison.

BOULET.

Le boulet qui doit me tuer n'est pas encore fondu.

BRAVOURE.

La *bravoure* est une qualité innée; on ne se la donne pas.

BRIDE.

Il faut mener les hommes par les *brides* qu'ils ont aujourd'hui, non par celles qu'ils avaient autrefois.

BUT.

Une puissance supérieure me pousse à un *but* que j'ignore : tant qu'il ne sera pas atteint, je suis invulnérable ; mais, dès que je ne lui serai plus nécessaire, il suffira d'une mouche pour me renverser.

CABINETS.

Il est des *cabinets* pour qui rien n'est sacré.

CALOMNIER.

Il est toujours vil et déshonorant de *calomnier* celui qui est malheureux.

CARACTÈRE.

L'homme ne marque dans la vie qu'en dominant son *caractère*, en s'en créant un par l'éducation.

CHAGRIN.

S'abandonner au *chagrin* sans résister, se tuer pour s'y soustraire, c'est abandonner le champ de bataille avant d'avoir vaincu.

CHARTE.

Je vois qu'en France la liberté est dans la charte, et l'esclavage dans la loi.

CHEF.

Il ne faut pas que le chef d'un état soit chef de parti.

CIRCONSTANCES.

Il est des vices et des vertus de circonstance.

COMMANDER.

Nul n'a droit de *commander* aux autres pour son utilité seule.

COMPÈRES.

En fait de gouvernement, il faut des *compères* ; sans cela la pièce ne s'achèverait pas.

COMPLIMENT.

Il y a des compliments dont la fortune a changé l'adresse !

COMPLOTS.

En fait de *complots*, la police en invente plus qu'elle n'en trouve : elle n'attrape que les sots.

CONGRÈS.

Un *congrès* est une fable convenue entre les diplomates. C'est la plume de Machiavel unie au sabre de Mahomet.

CONQUÊTES.

Les vraies conquêtes, les seules qui ne donnent aucun regret, sont celles qu'on fait sur l'ignorance.

CONSPIRER.

Les hommes qui s'avilissent ne *conspirent* pas.

CONTRADICTION.

Je ne me fâche pas que l'on me contredise, je demande qu'on m'éclaire.

COUCHER.

Souvenez-vous que mon habitude est de coucher sur le champ de bataille.

COUR.

C'est un grand tort, sur le terrain de la *cour*, que de ne pas se mettre en avant.

COURAGE.

Il y a autant de vrai *courage* à souffrir avec constance les peines de l'âme, qu'à rester fixe sous la muraille d'une batterie.

COURONNE.

Dieu me donne la couronne, gare à qui la touchera.

COURTISANS.

Les *courtisans* consommés méprisent l'idole qu'ils semblent adorer, et sont toujours prêts à la briser.

CRIME.

Toute transaction avec le *crime* devient un *crime* de la part du trône.

CULTES.

Les *cultes* sont à la religion ce que l'appareil est au pouvoir : le vulgaire mesure le crédit d'un courtisan au nombre de ses laquais : la populace juge de la puissance de Dieu par celle des prêtres.

DESCENDRE.

Ils veulent me faire descendre jusqu'à eux, parce qu ils ne peuvent s'élever jusqu'à moi.

DÉMISSION.

Je ne reçois pas les *démissions*, je les donne.

DESPOTISME.

Le *despotisme*, en passant des mains des gouvernants dans celles des gouvernés, ne cesse pas d'être *despotisme*.

DISPROPORTION.

Ce qui caractérise la démence, c'est la *disproportion* entre les vues et les moyens.

DOCTRINES.

Que jamais des combats de *doctrines* n'altèrent les sentiments que la religion inspire et commande.

DOMINER.

L'ambition de *dominer* sur les esprits, est une des plus ſortes passions.

DROITS.

Les droits du chef ne sont que ceux du peuple.

DROIT DES GENS.

Il n'y aurait plus de *droit des gens* en Europe, s'il ne s'agissait que de *s'assommer* comme des chiens enragés.

DROIT DU PEUPLE.

Le droit du peuple est de se soumettre aux lois.

ÉDITS.

Avec les vieux édits de Chilpéric, de Pharamond, déterrés au besoin, il n'est personne qui puisse se dire exempt d'être dûment et légalement pendu.

ÉGALITÉ.

Tous les hommes sont égaux devant Dieu ; la sagesse, les talents et les vertus mettent seuls de la différence entre eux.

ÉGLISE.

L'*Église* doit être dans l'État, et non l'État dans l'*Église*.

ÉPAULETTE.

On n'ira pas chercher une *épaulette* sur un champ de bataille, lorsqu'on peut l'avoir dans une antichambre.

ÉQUILIBRE.

L'*équilibre* politique est une rêverie.

ESCLAVE.

J'aimerais mieux faire partie du peuple souverain que d'être roi *esclave*.

ESTIME.

Celui qui ne désire pas *l'estime* de ses contemporains en est indigne.

ÉTONNER.

Les hommes savent gré de les *étonner*.

ÉTRANGERS.

J'ai toujours regardé comme un acte criminel, l'appel des *étrangers*.

ÉVÉNEMENT.

Il est des *événements* d'une telle nature, qu'ils sont au-dessus de l'organisation humaine.

EXPÉRIENCE.

La vraie sagesse des nations, c'est *l'expérience.*

FACTIONS.

Toute *faction* est un composé de dupes et de fripons.

FAIBLESSE.

Rien de plus impérieux que la *faiblesse* qui se sent appuyée de la force.

FAVORIS.

Sur cent *favoris* des rois, quatre-vingt-quinze ont été pendus.

FEMME.

Une belle *femme* plaît aux yeux, une bonne *femme* plaît au cœur; l'une est un bijou, l'autre est un trésor.

FEMMES.

Le lot des *femmes* est d'adoucir nos traverses.

FOLIES.

Les *folies* des autres ne servent jamais à nous rendre sages.

FORTERESSES.

Machiavel a beau dire, les *forteresses* ne valent point la faveur des peuples.

FORTUNE.

Il faut suivre la *fortune* dans ses caprices, et la corriger quand on le peut.

FRANÇAIS.

Les *Français* vaudront tout leur prix, lorsqu'ils substitueront les principes à la turbulence, l'orgueil à la vanité, et surtout l'amour des institutions à l'amour des places.

FROIDEUR.

La *froideur* est la plus grande qualité d'un homme destiné à commander.

FUMER.

Fumer est un plaisir dont l'habitude n'est bonne qu'à désennuyer les fainéants.

GALIMATIAS.

Les pensées de Pascal sont du *galimatias*.

GANT.

Il faut mener les hommes avec une main de fer, dans un *gant* de velours.

GARDE NATIONALE.

Le métier de *la garde nationale* n'est point de faire la guerre civile, mais de maintenir l'ordre et la paix intérieure.

GÉNIE.

Le *génie* ne garantit pas des misères de la vie.

GOUVERNEMENT.

Le nom et la forme du *gouvernement* ne font rien à l'affaire. Pourvu que la justice soit rendue à tous les citoyens, qu'ils soient égaux en droits, l'État est bien régi.

Les *gouvernements* à contre-poids ne sont bons qu'en temps de paix.

Tout gouvernement ne doit voir les hommes qu'en *masse.*

GOUVERNER.

On *gouverne* mieux les hommes par leurs vices que par leurs vertus.

Il est bien difficile de gouverner, quand on veut le faire en conscience.

HAUT.

Nul homme ne peut s'élever si *haut*, que les coups du sort ne puissent l'atteindre.

HASARD.

Le *hasard* est le seul roi légitime dans l'univers.

HENRI IV.

Bon et brave Henri IV!... en voilà un qui a bien remué aussi son misérable corps!

HOMMES.

Misérables hommes que nous sommes! faiblesse et erreur, c'est notre devise.

IDÉOLOGUE.

Je n'aime pas les idéologues.

IGNORANCE.

Il n'y a que ceux qui, voulant tromper les peuples et les gouverner à leur profit, peuvent vouloir les retenir dans l'*ignorance*.

IMAGINATION.

Celui qui prend le plus d'images dans sa mémoire est celui qui a le plus d'*imagination*.

IMPASSIBLE.

L'homme supérieur est *impassible* de sa nature : on le loue, on le blâme, peu lui importe ; c'est sa conscience qu'il écoute.

IMPROVISTE.

Le courage de l'*improviste* qui, en dépit des événements lés plus soudains, laisse néanmoins la même liberté d'esprit, de jugement et de décision, est très-rare.

INAMOVIBLE.

C'est un principe qu'il faut souvent changer de place les autorités et les garnisons : l'intérêt de l'État veut qu'il n'y ait pas de places *inamovibles.*

INDÉCISION.

L'*indécision* des princes est au gouvernement ce que la paralysie est au mouvement des membres.

INÉVITABLE.

La grande loi est de savoir souffrir ce qui est *inévitable*.

INGRATS.

J'ai fait plus d'*ingrats* qu'Auguste; que ne suis-je, comme lui, en situation de leur pardonner!

INJURES.

Je n'ai jamais, dans le cours de ma vie, vengé mes injures personnelles.

INSTITUTIONS.

Les meilleures *institutions* deviennent vicieuses, quand la morale cesse d'en être la base et quand les agents ne sont plus conduits que par l'égoïsme, l'orgueil et l'insolence.

INSTRUMENT.

Aux yeux des fondateurs des grands empires, les hommes ne sont pas des hommes; ce sont des *instruments*.

INSTITUTIONS.

Les institutions seules fixent les destinées des nations.

INVINCIBLE.

Les armées ne suffisent pas pour sauver une nation; tandis qu'une nation défendue par le peuple est *invincible*.

JUGE DE PAIX.

Je serai heureux, lorsque, après avoir donné la *paix* à l'Europe, je pourrai obtenir le titre de *juge de paix* de mon canton.

JUGER.

Le signes extérieurs sont autant de mensonges. Il n'est d'autres moyens de *juger* les hommes, que de les voir, de les essayer et de les pratiquer.

JUSTE.

Le *juste* est l'image de Dieu sur la terre.

JUSTICE.

Sans justice, il n'y a que des partis, des oppresseurs et des victimes.

LACHETÉ.

Lorsque j'étais fort et que j'avais le pouvoir en main, ils léchèrent la poussière de mes pieds; maintenant que je suis vaincu, ils m'oppriment lâchement.

LÉGION-D'HONNEUR.

L'ordre de la Légion-d'Honneur est mon chef-d'œuvre; personne, ni dans le présent, ni dans l'avenir, ne peut m'en disputer la gloire : je lui dois une partie de mes triomphes.

LÉGITIME.

On appelle certaines choses *légitimes* parce qu'elles sont vieilles, et leur défense a l'air innocent.

LÉGITIMITÉ.

La *légitimité* est au bout d'une épée.

LESSIVE.

Il faut faire sa *lessive* en famille.

LIBERTÉ.

La *liberté* politique bien analysée est une fable convenue, imaginée par les hommes qui gouvernent pour endormir les gouvernés.

La France doit donner au monde la *liberté* des mers.

La vraie liberté n'existe qu'avec la vraie monarchie.

LIBRE.

Pour qu'il y eût un vrai peuple *libre*, il faudrait que les gouvernés fussent des sages, et que les gouvernants fussent des dieux.

LOI.

Le souverain n'a qu'un seul devoir à remplir vis-à vis de l'État ; c'est de faire observer la *loi*.

LOIS.

Il est plus facile de faire des *lois* que de les exécuter.

Les Français veulent être gouvernés par des lois, mais avec vigueur.

LOI NATURELLE.

Ce que l'on appelle *loi naturelle*, n'est que celle de l'intérêt et de la raison.

LUMIÈRES.

Depuis la découverte de l'imprimerie, l'on appelle les *lumières* pour régner, et l'on règne pour les rendre esclaves.

MAITRE.

Il n'apppartient pas à chacun d'être *maître* chez soi.

MANQUER.

Ce ne sont pas les soldats qui m'ont *manqué*, c'est moi qui ai *manqué* à mes soldats.

MARCHER.

Quiconque marchera droit devant soi, sera protégé sans distinction; quiconque s'écartera à droite et à gauche, sera frappé de la foudre.

MENSONGE.

Un livre curieux serait celui dans lequel on ne trouverait pas de *mensonges*.

MINISTRE.

Si un homme comme Corneille vivait de mon temps, j'en ferais un de mes ministres.

MODE.

Pauvres nations, en dépit de vos lumières, de toute votre sagesse, vous demeurez soumises aux caprices de la *mode*, comme de simples individus.

MODÉRATION.

La modération imprime un caractère auguste aux gouvernements comme aux nations; elle est toujours la compagne de la force et de la durée des institutions sociales.

MOEURS.

Le cynisme des *mœurs* est la perte du corps politique.

MOINES.

Les mendiants sont des *moines* au petit pied; dans leur nomenclature se trouvent les moines mendiants.

MOMENT.

A la guerre il n'y a qu'un *moment* favorable : le grand talent est de le bien saisir.

MORDRE.

J'étais de marbre pour les grands événements; ils glissaient sur moi sans *mordre* sur mon moral ni sur mes facultés.

MORT.

Quand on ne craint pas la mort, on la fait entrer dans les rangs ennemis.

MOUTONNIER.

L'homme est *moutonnier*, il suit toujours le premier qui passe.

NATIONALITÉ.

Les peuples n'ont de force que par la *nationalité*.

NATIONS.

Ceux qui pensent que les *nations* sont des troupeaux qui, de droit divin, appartiennent à quelques familles, ne sont ni du siècle ni de l'Évangile.

NOBLESSE.

Ma *noblesse* n'était point une vieillerie féodale; d'un caporal, je faisais un baron.

NOUVELLES.

Ne m'éveillez jamais pour m'annoncer une bonne nouvelle; alors, rien ne presse. S'il s'agit d'une mauvaise nouvelle, réveillez-moi à l'instant même, car il n'y a pas de temps à perdre.

OCCASION.

Il y a des gens qui ne sont vertueux que parce que *les occasions* du vice leur manquent.

OLIGARCHIE.

Les *oligarchies* ne changent jamais d'opinions, parce que leurs intérêts sont toujours les mêmes.

OPINION.

Tout devient facile quand on suit l'*opinion*.

Rien n'est plus mobile, plus vague que l'opinion publique, et toute capricieuse qu'elle est, elle est cependant vraie, raisonnable, juste, beaucoup plus souvent que l'on ne pense.

OPPRIMER.

Parmi les hommes qui n'aiment point qu'on les *opprime*, il s'en trouve beaucoup qui aiment à *opprimer*.

ORDRE.

L'*ordre* va avec poids et mesure ; le désordre est toujours pressé.

Sans l'ordre, l'administration n'est qu'un chaos; point de finances, point de crédit public : et avec la fortune de l'Etat s'écroulent les fortunes particulières.

ORDRE SOCIAL.

L'*ordre social* d'une nation repose sur le choix des hommes destinés à le maintenir.

PARDONNER.

Je puis *pardonner* quand c'est à ma vie que l'on en veut.

C'est lorsqu'on est puissant, qu'il est beau de pardonner.

On peut s'élever au dessus de ceux qui insultent, en leur *pardonnant*.

PARIS.

Je veux faire de Paris la capitale de l'Europe.

PAROLES.

Ne croyez aux *paroles* des hommes que quand les actions y répondent.

PARTI.

Si j'avais été maréchal-de-camp, j'aurais embrassé le parti de la cour ; mais, sous-lieutenant et sans fortune, je dus me jeter dans le parti de la révolution.

PARTICULIERS.

Le code du salut des nations n'est pas toujours celui des *particuliers*.

PASSER.

Une armée *passe* toujours et en toute saison partout où deux hommes peuvent poser le pied.

PATRIE.

Être privé de sa chambre natale, du jardin que l'on a parcouru dans l'enfance, n'avoir pas l'habitation paternelle, c'est n'avoir pas de *patrie.*

PÉDANT.

Un sot n'est qu'ennuyeux, un *pédant* est insupportable.

PENSIONS.

Je donne des pensions aux gens de lettres, pour que le besoin ne dégrade pas le talent.

PERVERSITÉ.

La *perversité* est toujours individuelle, presque jamais collective.

PEUPLE.

L'honneur, la gloire, le bonheur du souverain ne peuvent être autres que l'honneur, la gloire, le bonheur du peuple.

PLACE.

Celui qui mérite la première *place* est celui qui s'y met.

PLIER.

Il faut reconnaître les faiblesses humaines et se *plier* à elles plutôt que de les combattre.

POLICE.

La *police* n'est que la diplomatie en haillons.

PORTRAIT.

Je veux être peint calme sur un cheval fougueux.

POUVOIR.

La faiblesse du pouvoir suprême est la plus affreuse calamité des peuples.

PRÉROGATIVES.

On a tort d'accorder à un nom, les prérogatives qu'on ne doit donner qu'au mérite.

PRINCES.

C'est toujours en blessant l'amour-propre des *princes*, que l'on influe le plus sur leurs délibérations.

PRIVILÉGES.

Il n'y a maintenant que deux classes en Europe : celle qui demande des *priviléges*, et celle qui les repousse.

PROFESSIONS.

Les anciens accumulaient les *professions*, tandis que nous les séparons d'une manière absolue.

PYRAMIDES.

Soldats, songez que du haut de *ces pyramides,* vingt siècles vous contemplent.

RÈGNE.

Je veux que mon règne soit celui des sciences, des arts et du bonheur.

RELIGION.

Si la stabilité d'un gouvernement exige une religion dominante, elle repousse une religion dominatrice.

RENDEZ-VOUS.

Un rendez-vous d'honneur : jamais un Français n'y a manqué.

RÉPUBLICAINS.

Les *républicains* de bonne foi sont des idiots, les autres des intrigants.

RÉPUBLIQUE.

Il n'est pas plus facile d'ériger une *république* sans anarchie, qu'une monarchie sans despotisme.

RÉPUTATION.

Combien sont morts inconnus, pour augmenter la réputation d'un seul homme !

RÉSULTAT.

La raison, la logique, un *résultat* surtout, doivent être le guide et le but constant de tout ici-bas.

RÉVOLUTION.

Une *révolution* est l'un des plus grands maux dont le ciel puisse affliger la terre.

RÉVOLUTIONS.

Les révolutions sont un bon temps pour les militaires qui ont de l'esprit et du courage.

Dans les *révolutions* il y a deux sortes de gens : ceux qui les font, et ceux qui en profitent.

ROIS.

J'ai élevé des trônes pour des rois qui m'ont abandonné.

SALONS.

Les *salons* de Paris montrèrent les mêmes passions que les clubs ; la noblesse recommença les jacobins.

SCEPTRE.

Où en serions-nous si l'on était encore au bon temps où la force du bras était le véritable *sceptre* ?

SÉVÉRITÉ.

La *sévérité* prévient plus de fautes qu'elle n'en réprime.

SIMPLICITÉ.

Avec les praticiens il n'est pas facile d'obtenir de la *simplicité*.

SOCIÉTÉ.

Dans une société quelconque, nul homme ne saurait passer pour vertueux et juste, s'il ne sait d'où il vient et où il va.

SOI MÊME.

On ne fait bien que ce qu'on fait *soi-même*.

SOLDAT.

Quand des *soldats* ont reçu le baptême du feu dans les batailles, ils sont tous les mêmes à mes yeux.

Mes soldats sont mes enfants!

SUCCÈS.

C'est le succès qui fait le grand homme.

Dans un succès mérité, il y a encore du bonheur.

SUICIDE.

J'aurais pu mourir, rien n'était plus facile : mais non, je suivrai toujours le chemin de l'honneur.

SUPÉRIEUR.

Combien d'hommes *supérieurs* sont enfants plus d'une fois dans la journée.

Tout ouvrage d'esprit est d'autant plus *supérieur*, que celui qui le produit est plus universel.

SUPPLICE.

Quel *supplice* de se sentir enterré tout vif avec sa gloire et ses facultés !

SYSTÈME.

En fait de *systèmes*, il faut toujours se réserver le droit de rire le lendemain de ses idées de la veille.

Rien ne marche dans un *système* politique où les mots jurent avec les choses.

TACT.

La guerre est comme le gouvernement, c'est une affaire de tact.

TACTIQUE.

Il faut changer la *tactique* de la guerre tous les dix ans, si l'on veut conserver quelque supériorité.

TARTUFE.

Le monde est une grande comédie où l'on trouve dix *Tartufes* pour un Molière.

TERME.

Tous les empires ont un terme !

TERRE.

L'onction sainte, en nous attachant au domaine du ciel, ne nous délivre pas des infirmités de *la terre*, de ses travers, de sa vilénie, de ses turpitudes.

TERREUR.

Jamais de révolution sociale sans *terreur*.

THÉOLOGIE.

La *théologie* n'est-elle pas réservée pour le ciel? Pouvons-nous, ici-bas, faire de Dieu l'objet de nos discussions?

THÉORIE.

Les lois qui sont, en *théorie*, le type de la clarté, ne deviennent que trop souvent un chaos dans l'application.

TRAHISON.

Si je n'avais été trahi que quatorze fois par jour, je serais encore sur le trône.

TRAVERS.

On ne doit plus contraindre les *travers*, quand ils ne sont pas nuisibles.

TRÔNE.

Qu'est-ce que le trône ? Quatre morceaux de bois dorés, revêtus d'un morceau de velours. — Le trône est dans la nation.

TYRANNIE.

La plus insupportable des *tyrannies*, est la tyrannie des subalternes.

Le despotisme républicain est le plus fécond en actes de *tyrannie*, parce que tout le monde s'en mêle.

UNANIMITÉ.

C'est *l'unanimité* des intérêts qui constitue la force légitime d'un gouvernement.

UNITÉ.

La marche inévitable des corps nombreux est de périr par défaut d'*unité*.

UTILE.

Rien de ce qui dégrade l'homme ne peut être *utile*.

VERTU.

Celui qui ne pratique la *vertu* que dans l'espérance d'acquérir une grande renommée, est bien près du vice.

VERTUS CIVILES.

Les qualités militaires ne sont utiles que dans quelques circonstances. Les vertus civiles ont une influence de tous les moments sur la félicité publique.

VIE.

La vie d'un homme heureux est un tableau à fond d'argent avec quelques étoiles noires. La vie d'un homme malheureux est un fond noir avec quelques étoiles d'argent.

VIEILLIR.

On vieillit vite sur le champ de bataille.

VIVRE.

Je suis un homme condamné à vivre.

EXTRAIT DU TESTAMENT DE NAPOLÉON.

—

Ce jourd'hui 15 avril 1821, à Longwood, île Sainte-Hélène.

1° Je meurs dans la religion apostolique et romaine, dans le sein de laquelle je suis né, il y a plus de cinquante ans.

Ceci est mon testament, ou acte de ma dernière volonté.

2° Je désire que mes cendres reposent sur les bords de la Seine, au milieu de ce peuple français que j'ai tant aimé.

3° J'ai toujours eu à me louer de ma très-chère épouse Marie-Louise ; je lui conserve jusqu'au dernier moment les plus tendres sentiments ; je la prie de veiller pour garantir mon fils des embûches qui environnent encore son enfance.

4° Je recommande à mon fils de ne pas oublier qu'il est né Français, et de ne jamais se prêter à être un instrument entre les mains des triumvirs qui oppriment les peuples de l'Europe. Il ne doit jamais combattre ni nuire en aucune manière à la France ; il doit adopter ma devise : Tout pour le peuple français.

5° Je meurs prématurément, assassiné par l'oligarchie anglaise et son sicaire ; le peuple anglais ne tardera pas à me venger.

6° Les deux issues si malheureuses des invasions de la France, lorsqu'elle avait tant de ressources, sont dues aux trahisons de MM. A..., T... et L... Je leur pardonne ; puisse la postérité française leur pardonner comme moi.

(Le reste ne contient qne des dispositions particulières.)

NAPOLEON

AU CABINET DES MÉDAILLES.

Les moindres particularités de la vie d'un grand homme ont un attrait pour l'observateur, car c'est dans les nuances de la vie qu'on peut faire l'étude de celles du cœur humain. On a toujours vu Napoléon sur le trône, sur les champs de bataille, toujours sur un grand théâtre. Peut-être une scène particulière de sa vie, dont j'ai été le témoin, puisque j'y ai joué mon rôle, offrira-t-elle quelque intérêt. On ne sera pas fâché, je pense, de trouver cet épisode pour le joindre au grand drame de la vie de Napoléon.

J'étais, en 1810, second employé du cabinet des médailles de la bibliothèque impériale, et Napoléon était empereur des Français. Voilà sans contredit deux acteurs bien éloignés l'un de l'autre par leur position respective ; mais la distance fut franchie par Napoléon, il vint avec Marie-Louise, sa nouvelle épouse, visiter le cabinet des médailles.

Il y était déjà venu vers 1800, avec Joséphine ; il n'était alors que consul, je n'étais que troisième employé, chacun de nous avait fait son chemin : le sien avait été un peu plus rapide que le mien.

L'état-major de la bibliothèque impériale était sur pied pour recevoir cette grande visite. De tout cet état-major, il n'existe plus aujourd'hui personne, seul j'ai survécu à tous les savants qui composaient à cette époque le conservatoire de la bibliothèque ; ces hommes distingués par plusieurs sortes de mérites, sont allés grossir les nécrologes, et ne vivent plus que dans les biographies, cimetières des célébrités. Quelques-uns vivent aussi dans la mémoire de leurs amis, enclos plus étroit, moins brillant : c'est là que j'ambitionne une petite place quand mon tour sera venu.

Tous ces messieurs portaient l'habit de l'Institut; ils étaient les confrères de Napoléon, ils l'étaient doublement dans le sanctuaire de la science.

Là, en effet, les rangs ne se distinguent que par le savoir et le mérite personnel : du moins cela devrait être. Chacun d'eux avait probablement cette pensée intime qu'il était plus fort que Napoléon, l'un en numismatique, celui-ci dans la science des diplômes, celui-là dans le tartare-mantchou; tous s'apprêtaient sans doute à faire briller leur érudition, à répondre *ex professo* à l'illustre questionneur, et à glisser dans la réponse quelque période adroitement laudative.

Napoléon se doutait de tout cela, car il connaissait les hommes!

Or, voici ce qui se passa au cabinet des médailles; mon récit sera de la plus stricte exactitude : tout est présent à ma mémoire comme si c'était d'hier, j'entends encore la voix saccadée, le ton bref de l'empereur, je vois tous ses jeux de physionomie : je ne changerai pas un mot à notre conversation, car il causa avec moi; il ne causa *presque qu'avec moi!*

M. Millin, conservateur du cabinet, en faisait les honneurs à l'impératrice; M. Gosselin, son collégue, était près de l'empereur; et autour de sa majesté, s'empressaient MM. Dacier, Langlès, Dutheil, savants académiciens; je n'étais dans le groupe que parce que je portais les clés des médailliers et celles des montres qui renfermaient les pierres gravées et les monuments antiques, afin d'en faciliter la démonstration au *cicerone* en titre.

D'abord, en entrant au cabinet, les yeux de Napoléon s'étant portés sur un buste de marbre de Paros qui occupait le milieu d'un grand bureau, il s'arrêta avec surprise, croyant voir son portrait. Ce fut un éclair, il ne m'échappa point. En effet, il y a quelque analogie entre la physionomie du médecin grec *Modius Asiaticus* et celle de Bonaparte, lorsqu'il était consul. C'est une chose remarquable que cette ressemblance apparente d'un type à grand caractère, avec tant de figures qui, vues en détail, ne lui ressemblent nullement. L'analogie de la tête de Napoléon avec plusieurs portraits d'empereurs romains, dissemblables entre eux, est un fait constant et remarquable.

Après avoir jeté un coup d'œil rapide sur l'ensemble du cabinet, Napoléon se mit à examiner partiellement quelques-unes des montres dans lesquelles étaient exposées des médailles ; s'étant arrêté à l'une d'elles, il dit assez brusquement à M. Mionnet, mon collègue, qui se trouvait à sa droite : *Queq' c'est qu' ça ?*

Assurément M. Mionnet était plus que moi en

état de répondre : c'était un homme parfaitement instruit, excellent praticien en numismatique ; mais soit qu'il n'eût pas bien entendu, soit qu'il eût été intimidé par le ton de la question, il ne répondit pas, et Napoléon répéta un peu plus brusquement que la première fois, et sans détourner la tête de dessus les montres : — *Queq' c'est qu' ça ?*

Voyant que mon collègue se troublait, je pris vivement la parole, et dis avec assez d'assurance : « Sire, ce sont des *As Romains*. Ces pièces de bronze sont les premières monnaies de l'Italie : elles eurent cours à une époque où ce pays ne frappait encore ni or ni argent. » Je ne répéterai pas tout ce que je lui débitai. Je dirai seulement que je lui fis en peu de mots un petit historique de l'*as et de ses parties*, moins détaillé sans doute que le traité du fameux Budé ; mais plus que suffisant pour le besoin que peut avoir un empereur français de savoir ce que c'est qu'une monnaie romaine qui avait cours il y a plus de deux mille ans.

Napoléon, surpris d'avoir interrogé à droite, et d'entendre la réponse venir de gauche, me laissa finir ma période, puis tournant les yeux de mon côté, il toisa du haut en bas mon frêle individu, et continua ses interrogations par le même *queq' c'est qu' ça*, sans en augmenter ni diminuer l'inflexion brève et brusque; mais en m'adressant individuellement ses questions, au grand étonnement des notabilités qui m'entouraient.

Ses demandes et mes réponses auraient peu d'intérêt pour les lecteurs : mais quelques circonstances de cette visite sont assez piquantes. Il est remarquable que plusieurs des personnages célèbres dont il demanda à voir des médailles étaient des chefs de dynasties. Il voulut voir la tête de *Seleucus Nicator*, qui, de général d'A lexandre, devint roi de Syrie et donna son noaux *Seleucides*; celle de *Ptolémée Lagus* en qui commença la race des *Lagides* qui régnèrent sur l'Egypte.

Après avoir demandé les médailles de *César*, de *Pompée*, je fus assez surpris qu'il demandât aussi celle de *Sylla*; car il venait d'être couronné, et je ne crois pas qu'il eût alors la pensée de jamais abdiquer comme le dictateur romain. Du reste, l'abdication de Sylla fut singulièrement illusoire, car si l'on en croit Salluste, voici ce que disait de lui *Lépidus*, l'un des consuls élus après cette abdication.

« C'est de lui seul que dépendent les lois, les tribunaux, les trésors de l'Etat : il dispose des provinces et des royaumes. Il décide de la vie et de la mort des citoyens. »

Les autres personnages dont il désira voir les effigies furent *Démétrius Poliorcètes* (*le preneur de villes*); Antiochus-le-Grand, roi de Syrie; Mithridate, roi de Pont; Phraates II, roi des

Parthes ; Constantin, fondateur de l'empire d'Orient.

Ces médailles, dont il avait paru faire choix par le désir qu'il avait eu de les voir, furent bientôt mises en sa possession, et ornèrent une tabatière dont le prix devint inestimable; j'ignore en quelles mains elle a passé.

Cette époque était celle des tabatières. Déjà quelques années auparavant on en avait offert aux trois consuls aux dépens du cabinet des médailles. Celle de Bonaparte portait Pompée, César et Auguste. Des allusions flatteuses avaient fait mettre un Justinien sur celle de Cambacérès, et un Homère sur celle de Lebrun.

Revenons à Napoléon : il demanda des médailles de Carthage; il faisait sans doute dans son esprit la comparaison de cette ennemie de Rome, avec l'Angleterre, et répétait peut-être tout bas le *delenda est Carthago* de Caton.

Un vieux siége que l'on a appelé le fauteuil

de Dagobert, parce que la tradition de l'abbaye de Saint-Denis le nommait ainsi, frappa les yeux de Napoléon : il le regarda en souriant, et me demanda si je savais quelque chose d'historique sur ce monument. « Sire, lui dis-je, je ne sais s'il est vrai que les rois de la première race s'y soient assis ; mais voici la preuve qu'il a servi de trône à un souverain. » Et je lui montrai la médaille frappée en 1804, où lui-même était représenté sur ce siége, distribuant les croix de la légion-d'honneur. Le fauteuil de Dagobert avait été transporté en poste à Boulogne pour cette cérémonie. Napoléon avait toujours eu la pensée d'asseoir sa puissance nouvelle sur de vieux fondements.

En continuant son examen, Napoléon arriva près d'une très belle armure que l'on croît être un ouvrage du célèbre *Benvenuto Cellini*. On en avait formé un trophée qui est encore appendu à l'une des boiseries du cabinet. Napoléon qui affectait une prédilection ostensible pour tout ce qui tenait à la guerre, me demanda qu'elle était cette armure.

— C'est, lui répondis-je, celle de François Ier, et l'on pense que ce pourrait être celle qu'il avait à Pavie ; car on sait que, ne voulant se rendre qu'au vice-roi de Naples, qui représentait Charles-Quint, il se remit dans les mains du comte de Lannoy, d'une des plus illustres maisons de Flandre ; et c'est de ce pays qu'en fructidor de l'an 3, après les conquêtes des Français, cette armure a été rapportée en France.

— « Est-ce que je ne peux pas la voir de plus près ? » demanda Napoléon.

— « Ah ! sire, qu'est-ce que vous ne pouvez pas ! » répondis-je à demi-voix.

Cette flatterie assez maladroite glissa, parce que je la fis avec un demi-sourire qui avait l'air de dire : « Je sais bien que je débite un lieu commun ; mais c'est un coup d'encensoir comme un autre. »

Il fallut décrocher l'armure ; la dignité d'un conservateur ne se serait pas prêtée à cet emploi, mais je ne crus pas pouvoir en charger un garçon de service : je montai sur un marche-pied ; quelques fils de fer retenaient le casque, je ne le donnai pas très promptement, Napoléon avait les bras tendus, il ne s'impatientait cependant pas trop ; enfin il me le prit des mains et le posa sur sa tête, le casque y entra jusqu'aux oreilles, il balança sa tête, en disant : « Il est bien lourd. » — « Ah ! repris-je étourdiment : François Ier était bien plus grand que vous ! » A peine eus-je lâché cette naïveté que je m'aperçus qu'on pouvait en faire un épigramme, je me hâtai donc d'ajouter : « Il avait près de six pieds de haut, il passait pour l'homme le plus grand de son royaume. » Je me gardai bien de dire : « Le plus grand homme. »

Napoléon voulut ôter le casque : mais quelques uns de ses cheveux s'étaient pris dans les broderies de la doublure et dans les charnières, il tira si brusquement, que les cheveux y restèrent.

Alors il demanda le bouclier. Même cérémonie pour le décrocher, mêmes lenteurs de ma part, son impatience commençait à se manifester. Enfin, il saisit le bouclier que je lui présentais du haut de mon marche-pied, il le retourne vivement, et moi, avec la rapidité de l'éclair, je passe ma main droite entre le bouclier et sa figure, en m'écriant : « Sire ! vous allez vous crever un œil ! »

Ce cri, ce mouvement surtout, ma main si près de sa figure, ce qui ressemblait à quelque chose de fort insolent... Je ne mentirais pas, je crois, en disant que le grand Napoléon *eut peur* : car il recula d'un pas.

Il n'avait pas remarqué qu'au milieu du bouclier, il y avait une pointe d'acier de sept à huit pouces de long, qui en faisait une arme offensive et défensive. Quoi qu'il en soit, il parut contrarié, examina légèrement le bouclier, me le remit, et continua sa promenade : mon rôle était fini. Je laissai le garçon de service raccrocher le casque et le bouclier, et je me mis à la suite de Napoléon, qui ne tarda pas à sortir du cabinet : il prit le bras de l'impératrice, tout le monde se rangea en haie près de la porte, il fit de légers signes de tête pour adieu à ceux qui se trouvaient sur son passage : quand ce vint à moi, il tourna le dos presque avec affectation.

J'avoue que je fus stupéfié. J'étais assez jeune, j'avais assez peu d'expérience et de philosophie pour mettre de l'importance au geste, au coup d'œil bienveillant d'un prince. J'en ai eu depuis, plus que des gestes et des coups d'œil, j'ai obtenu des paroles flatteuses qui ne m'ont rien rapporté. Il est vrai que je n'ai rien demandé.

Mais après une *causerie* presque familière, après quelques signes d'approbation à plusieurs réponses assez justes, me voir tourner le dos avec un dédain affecté, cela me surprenait; j'aurais dû savoir que les grands hommes ont leurs petitesses comme les jolies femmes, et qu'ils ont une coquetterie qui leur fait craindre de montrer leur âme sans toilette.

Napoléon ne m'en voulait pas sans doute, de l'avoir empêché de se crever un œil; mais il m'en voulait de ce que mon élan indiscret lui avait fait peur, et de ce qu'on s'en était aperçu.

Il semblait dire avec Mahomet :

« Mon empire est détruit si l'homme est reconnu. »

DE MERSAN.

FIN

SOUS PRESSE :

CHEZ LE MÊME ÉDITEUR,

RÈGLE

DE

TOUS LES JEUX

volume in-32,

IMPRIMÉ AVEC LUXE. — PRIX 3 FR.

Chaque règle se vend séparément. — Prix 25 cent.

IMP. DE HAUQUELIN ET BAUTRUCHE, R. DE LA HARPE, 90.

www.ingramcontent.com/pod-product-compliance
Ingram Content Group UK Ltd.
Pitfield, Milton Keynes, MK11 3LW, UK
UKHW012054240726
13965UKWH00003B/1284

9 782013 371292